AF705001

familiar faces verlag

Wie erkläre ich Kindern RASSISMUS?

familiar
faces
verlag

*Autor*in*
JOSEPHINE APRAKU

Illustratorin
LE HONG

Wie erkläre ich Kindern RASSISMUS?

Rassismussensible Begleitung und Empowerment von klein auf

familiar faces verlag

INHALTSVERZEICHNIS

VORWORT

JEFF KWASI KLEIN

Wie erkläre ich Kindern Rassismus? Die kurze Antwort auf diese Frage lautet: direkt, ehrlich und unmittelbar. Die ausführlichere Antwort ist komplizierter, da hier unterschiedliche Perspektiven, Bedarfe und Sorgen aufeinandertreffen. An erster Stelle steht der berechtigte Wunsch, Kinder so lange und so gut es geht vor den Grausamkeiten unserer Gesellschaft zu schützen. Dies wirft jedoch geradezu eine Kaskade neuer Fragen auf: Steht der Wunsch, Kindern eine vermeintlich sorgenfreie Kindheit zu gewährleisten über der gesamtgesellschaftlichen Verantwortung, Rassismus (und andere Menschenfeindlichkeiten) in all ihren Formen klar zu benennen und abzubauen? Stehen diese Positionen überhaupt im Gegensatz zueinander oder bedingen sie sich gar gegenseitig? Ist es Kindern zuzumuten, sich bereits in jungen Jahren mit der gewaltvollen und schmerzhaften Realität des Rassismus auseinanderzusetzen oder sollten sie davon verschont bleiben? Für welche Eltern und Kinder stellt sich diese Frage überhaupt und für welche nicht?

Fakt ist, dass nicht-*weiße* Kinder bereits ab dem frühkindlichen Alter erste Erfahrungen mit Rassismus machen. Erzählungen innerhalb von Familien und Freund*innenkreisen, zahlreiche Studien und Erfahrungsberichte belegen dies. *Weiße* Kinder hingegen lernen ab dem frühkindlichen Alter ihr *Weißsein* als Norm und alles andere als Abweichung dieser Norm zu begreifen — auch dies weisen zahlreiche Studien und Erfahrungsberichte nach.

Mir scheint, dass es in einer von Rassismus geprägten Gesellschaft unmöglich ist, Kinder von den Effekten der Begünstigung und der Benachteiligung entlang rassifizierender Kategorien zu isolieren. Es geht bei einer antirassistischen Bildung von

JEFF KWASI KLEIN
ist Projektleiter bei Each One Teach One e. V. (EOTO). Bei dem Berliner Bildungs- und Empowerment-Projekt setzt er sich für die Rechte und das Empowerment von Schwarzen, afrodiasporischen und Menschen afrikanischer Herkunft ein (u. a. durch das Mikrofinanzierungsprojekt »May-Ayim-Fonds«). Darüber hinaus ist er derzeit Vorstandsmitglied des Migrationsrats Berlin sowie des Kreisverbands Berlin-Mitte von Bündnis 90/Die Grünen.

Kindern also darum, Bewusstsein zu vermitteln, die Entwicklung einer eigenen (solidarischen) Haltung zu fördern und die damit einhergehende Übernahme von Verantwortung zu ermöglichen.

Der vorliegende Leitfaden nimmt sich dieser herausfordernden Aufgabe an und bündelt das Wissen und die Perspektiven einiger wichtiger Denker*innen Deutschlands im Bereich antirassistischer Bildung und Pädagogik. Dieses Buch ist somit Chance und Verpflichtung zugleich: die Chance, dass folgende Generationen die Fehler und Versäumnisse, die unsere Gesellschaft prägen, nicht wiederholen sowie die Verpflichtung, dass das Wohlergehen der von Rassismus betroffenen Kinder in den Blick genommen wird und dass ihre Perspektiven, Hoffnungen und Wünsche nicht länger ungesehen bleiben. ~

»In einer rassistischen Gesellschaft reicht es nicht aus nicht rassistisch zu sein, wir müssen antirassistisch sein.«

— ANGELA Y. DAVIS

Wir leben in einer Gesellschaft, in der Rassismus auch deshalb Bestand hat, weil er meist auf drastische Einzelfälle reduziert und zu wenig in seiner Gesamtheit betrachtet und thematisiert wird. Wenn es um Rassismus geht, dann sind es rassistische Anschläge wie der in Hanau, die diskutiert werden, nicht aber alltäglicher Rassismus, der sich ganz unterschiedlich zeigt und der ein bedeutsamer Bestandteil unserer Gesellschaft ist. Genau deshalb ist es wichtig, dass wir schon früh beginnen, mit Kindern über Rassismus zu sprechen und die Auseinandersetzung damit fortsetzen, während sie groß werden. Und das unabhängig davon, ob wir selbst Rassismus erfahren oder ob wir durch ihn Vorteile erhalten. Wenn wir uns gegen Rassismus einsetzen wollen, dann muss unsere Beschäftigung damit mindestens so alltäglich werden wie Rassismus selbst.

Der Gedanke an ein Gespräch über Rassismus mit Kindern mag zunächst abschreckend wirken, schließlich ist es ein Thema, bei dem es um massive Benachteiligungen geht — bis hin zu Leben und Tod. Aber: Wenn wir gut informiert sind und sensibel auf

1 People of Color (PoC), Singular: Person of Color ist eine Selbstbezeichnung von und für Menschen mit Rassismuserfahrungen. Sie bezieht unterschiedlichste Personen(-gruppen) ein, die sich als nicht-*weiß* in einer *weißen* Mehrheitsgesellschaft definieren, aber jeweils durchaus unterschiedliche Rassismuserfahrungen machen. Der Begriff entstand in der Bürger*innenrechtsbewegung in den 1960er-Jahren in den USA. Viele Menschen, die sich als PoC bezeichnen könnten, verwenden genauere Selbstbezeichnungen für sich. BIPoC (Black, Indigenous and People of Color) schließt daran an und nennt Schwarze Menschen und Indigenous People explizit mit.

den jeweiligen Entwicklungsstand der Kinder eingehen, können wir diese dabei unterstützen, die Welt um sich herum zu verstehen und sie auf herausfordernde Situationen vorbereiten. Unser Ziel mit dieser aktiven Auseinandersetzung ist kein geringeres, als gegen Rassismus vorzugehen und unsere Gesellschaft gerechter zu machen.

BEVOR ES LOSGEHT, NOCH EINIGE HINWEISE

In diesem Buch verwenden wir Selbstbezeichnungen, also Begriffe, die Menschen, die von Rassismus betroffen sind, selbst für sich nutzen. Denn die meisten Bezeichnungen, die für Menschen verwendet werden, die Rassismus erleben, sind tatsächlich selbst rassistisch — es sind Fremdbezeichnungen. Selbstbezeichnungen wie BIPoC[1] oder Schwarz[2] ermöglichen uns Rassismus und die Strukturen dahinter und auch den Widerstand dagegen zu thematisieren. Im Glossar am Ende des Buches und in der Marginalspalte an der Seite erklären wir diese Bezeichnungen und ein paar andere grundlegende Konzepte und Begriffe. Außerdem gendern wir, das heißt, dass wir nicht ausschließlich die männliche Form verwenden (Arzt, Koch oder Mechaniker), wie es meistens der Fall ist.

Uns ist wichtig, gezielt auch Frauen und Menschen mit unterschiedlichen Geschlechtsidentitäten anzusprechen. Das können zum Beispiel Menschen sein, die nicht-binär sind und sich weder als Mann noch als Frau oder als beides zugleich wahrnehmen. Um das auszudrücken, benutzen wir den Genderstern[3] (Arzt*Ärztin, Koch*Köchin, Mechaniker*in). ~

2 Schwarz wird großgeschrieben und meint die selbstermächtigende politische Selbstbezeichnung von Schwarzen Menschen. Die Selbstbezeichnung meint nicht etwa einen Hautton, sondern eine durch Rassismus geschaffene soziale Position, die Benachteiligung erfährt.

3 Der Genderstern ist im Deutschen ein Mittel, um in Personenbezeichnungen neben männlichen und weiblichen auch weitere Geschlechter und Geschlechtsidentitäten sichtbar zu machen. Er wird auch Gendersternchen oder Genderstar genannt. Er steht für geschlechtliche Vielfalt und eine geschlechtergerechte Sprache.

KOLONI
PRIVI
RASS

1

Rassismus ist ein System

Quelle Bundeszentrale für politische Bildung https://bpb.de/izpb/283652/karten

1.1. Eine sehr kurze Geschichte des Rassismus

Am Anfang des Rassismus steht die Einteilung der Menschheit in unterschiedliche »Rassen«. *Weiße*[4] Wissenschaftler teilten im 18. und 19. Jahrhundert nach Kriterien wie Hautfarbe, Schädelform und Haarfarbe die Menschen in »Rassen« ein und schrieben ihnen Eigenschaften zu. Immanuel Kant hielt Ende des 18. Jahrhunderts in seiner Vorlesung »Physische Geographie« fest: »Die Menschheit ist in ihrer größten Vollkommenheit in der Rasse der *Weißen*. Die gelben [I-Wort][5] haben schon ein geringeres Talent. Die [N-Wort][6] sind weit tiefer, und am tiefsten steht ein Teil der amerikanischen Völkerschaften.«[7] Mit dieser Einteilung setzten sich *Weiße* an die Spitze der Menschheit und werteten die anderen, die sie unter sich wähnten, ab.

All das geschah — das ist kein Zufall — zu der Zeit, als *weiße* Menschen in Europa begannen, Menschenrechte auszurufen und diese gleichzeitig

4 *Weiß* wird kursiv geschrieben, denn es bezeichnet keine biologischen Eigenschaften und auch keine tatsächliche Hautfarbe. Der Begriff steht für ein gesellschaftliches Konstrukt, das *weißen* Menschen einen besseren Zugang zu Ressourcen und Teilhabe verschafft.

5 Das »I-Wort« ist ein rassistischer Ausdruck, der von den Kolonialist*innen in Nordamerika benutzt wurde, um Indigenous Americans zu beschreiben, da sie dachten, sie wären in Indien gelandet. Die Heterogenität der verschiedenen Bevölkerungsgruppen Nordamerikas und deren Identitäten wurden damit bewusst geleugnet.

auf krasseste Weise nicht einhielten. Damit diente die rassistische Einteilung mitsamt ihrer Hierarchisierung der Legitimation von Besetzung, Ausbeutung und Versklavung im Kolonialismus. Am Kolonialismus, der 500 Jahre andauernden Ausbreitung Europas, die mit der vermeintlichen »Entdeckung« Amerikas begann und innerhalb derer knapp zwei Drittel der Welt gewaltvoll unterworfen wurden, war auch Deutschland beteiligt. Das von Deutschland besetzte Territorium war zeitweise das drittgrößte und umfasste Gebiete in Afrika, China und Ozeanien. Obwohl es wenig thematisiert wird, ist es wichtig, dass wir verstehen, dass der deutsche Kolonialismus und die NS-Zeit miteinander verbunden sind. So feierten die Nazis beispielsweise Carl Peters — einen deutschen Kolonialisten, der schon während der Kolonialzeit als besonders rassistisch und gewalttätig galt — als einen der ideologischen Vordenker ihrer Zeit.[8]

Da das Wort »Rasse« in Deutschland seit dem Ende der NS-Zeit verpönt ist, wird es häufig durch das Wort »Kultur« ersetzt und Menschen werden aufgrund ihrer tatsächlichen oder zugeschriebenen kulturellen Zugehörigkeit abgewertet. Dieses Phänomen hat Theodor W. Adorno im Jahr 1975 benannt: »Das vornehme Wort Kultur tritt anstelle des verpönten Ausdrucks Rasse, bleibt aber ein bloßes Deckbild für den brutalen Herrschaftsanspruch«.[9] Auch wenn die genetisch-biologische Einteilung von Menschen in »Rassen« längst widerlegt wurde, so ist Rassismus noch immer gesellschaftlich tief verankert und alltäglich spürbar.

Das Wort »Rassismus« entstand in den 1920er-Jahren als antirassistischer Kampfbegriff. Rassismus ist noch immer ein System, in dem *weiße* Menschen privilegiert werden und Vorteile erfahren und BIPoC rassistisch diskriminiert, sprich benachteiligt werden. Es ist wichtig zu verstehen, dass privilegiert

6 Für das »N-Wort« verwenden wir die Erläuterung von Tupoka Ogette: »N-Wort – ein rassistischer und abwertender Ausdruck ursprünglich für Afrikaner*innen der Sub-Sahara, welcher im Zuge der Kolonialzeit entwickelt und zur Einordnung eingesetzt wurde. Der Begriff ist daher nicht losgelöst von seiner Entstehungsgeschichte – und zwar die gezielte Entwürdigung und Entmenschlichung Schwarzer Menschen – zu sehen.«

7 Immanuel Kant: »Physische Geographie«, in: »Kants Werke. Akademie Textausgabe«, Bd. 9, De Gruyter, Berlin 1968, S. 151–428, S. 316.

8 Buchempfehlungen

Susan Arndt, Nadja Ofuatey-Alazard (Hg.): »Wie Rassismus aus Wörtern spricht: (K)Erben des Kolonialismus im Wissensarchiv deutsche Sprache. Ein kritisches Nachschlagewerk.«, Unrast Verlag, Münster 2011.

Susan Arndt, Maureen Maisha Eggers, Grada Kilomba, Peggy Piesche (Hg.): »Mythen, Masken und Subjekte: Kritische Weißseinsforschung in Deutschland«, Unrast Verlag, Münster 2017.

9 Theodor W. Adorno: »Gesammelte Schriften«, Bd. 9, Suhrkamp 1986, S. 377.

nicht heißt, dass es allen *weißen* Menschen in unserer Gesellschaft immer gut geht, aber sie werden im Zusammenhang mit Rassismus nicht systematisch benachteiligt und unterdrückt. ~

1.2. Rassismus ist strukturell

Alle Menschen sind in gewissen Bereichen voreingenommen. Das ist unvermeidlich, weil wir alle einen begrenzten Erfahrungsschatz haben und unsere Vorstellungen auf begrenzten Informationen beruhen. Alle Menschen haben also Vorurteile. Vorurteilsbehaftete Überzeugungen können bewusst sein, etwa wenn Menschen offen über diese sprechen und sich ausdrücklich auf sie beziehen. Vorurteile können aber auch unbewusst sein. Oft wissen Menschen dann nicht, dass sie voreingenommen sind. Es ist wichtig, dass wir uns das eingestehen, damit wir rassistische Vorurteile hinterfragen können.[10]

10 Siehe »How to Explain Racism to a Child«, https://wikihow.com/Explain-Racism-to-a-Child

Rassismus ist allerdings mehr als nur negative Vorurteile gegenüber BIPoC. Denn Diskriminierung — Rassismus ist eine Form von Diskriminierung — verbindet das Vorurteil mit der Ausübung von Macht, die sich in unterschiedlichen gesellschaftlichen Kontexten zeigt. Für Vorurteile hingegen ist das nicht notwendigerweise der Fall. Hier sollten wir differenzieren können, denn Vorurteile und Diskriminierung sind nicht das Gleiche. Wir alle können Vorurteile verschiedenster Art haben, aber nicht alle Menschen erfahren alle Formen von Diskriminierung. Für Rassismus bedeutet das konkret, dass *weiße* Menschen privilegiert sind. Denn wie gesagt: Rassismus ist ein Herrschaftssystem, dass *weiße* Menschen im Zuge der Kolonialisierung erfanden, um die eigenen Machtansprüche zu rechtfertigen. Das wirkt bis heute nach.

Rassismus findet auf mehreren Ebenen statt. Auf individueller Ebene geht es beispielsweise um rassistische Witze, Worte und Bemerkungen, aber auch um entgegengebrachte Antipathien oder gewalttätige Übergriffe. Rassismus auf institutioneller Ebene geht

in der Regel nicht von Einzelpersonen aus, sondern umfasst zum Beispiel Regeln, Gesetzgebungen und Routinen, die für BIPoC eine Benachteiligung zur Folge haben. Ein Beispiel für institutionellen Rassismus in Vorgehensweisen der Polizei ist Racial Profiling, also wenn eine Person aufgrund rassistischer Zuschreibungen als verdächtig eingestuft wird und nicht wegen eines konkreten Verdachts. Das ist sogar gesetzlich verboten und trotzdem ein alltäglicher Teil der Polizeiarbeit. Rassismus auf struktureller Ebene betrifft den ungleichen Zugang zum Arbeits- und Wohnungsmarkt, zu Bildung oder der Gesundheitsversorgung. Gleichzeitig ist die strukturelle Ebene die der geteilten Vorstellungen davon, was normal ist und was die Abweichung. Dazu gehört beispielsweise die Vorstellung, dass BIPoC nicht deutsch sein können, wohingegen das für *weiße* Menschen zunächst nicht hinterfragt wird.

Diese drei Ebenen hängen immer zusammen und beeinflussen sich gegenseitig, wir können sie nicht getrennt voneinander betrachten. Auf allen diesen Ebenen erfahren BIPoC Benachteiligung und Ausgrenzung, während *weiße* Menschen auf diesen Ebenen Vorteile haben. Das Zusammenwirken und Ineinandergreifen der drei Ebenen macht Rassismus strukturell.[11] ~

11 Buchempfehlungen zur weiterführenden Auseinandersetzung mit Rassismus

Mohamed Amjahid: »Der weiße Fleck: Eine Anleitung zu antirassistischem Denken«, Piper Verlag, München 2021.

Alice Hasters: »Was weiße Menschen nicht über Rassismus hören wollen aber wissen sollten«, Carl Hanser Verlag, München 2019.

Natasha Kelly: »Rassismus. Strukturelle Probleme brauchen strukturelle Lösungen«, Atrium Verlag, Zürich 2021.

Tupoka Ogette: »exit RACISM: rassismuskritisch denken lernen«, Unrast Verlag, Münster 2020.

Emilia Roig: »Why We Matter: Das Ende der Unterdrückung«, Aufbau Verlag, Berlin 2021.

1.3. Es gibt keine neutrale Position

Bevor wir mit Kindern über Rassismus sprechen, müssen wir uns fragen, aus welcher Position wir Rassismus bekämpfen. Wie wir gegen Rassismus eintreten (können), hängt ganz wesentlich damit zusammen, ob wir das als BIPoC oder als *weiße* Menschen tun. Rassismus — durch den diese Gruppen überhaupt erst hergestellt werden —

hat zur Folge, dass wir den Alltag unterschiedlich erleben: Wo BIPoC rassistische Ausgrenzung erfahren, entstehen *weißen* Menschen dadurch automatisch Vorteile. Wenn zum Beispiel BIPoC einen schlechteren Zugang zu Mietwohnungen haben, dann ist die Kehrseite dieser Medaille, dass es für *weiße* Menschen vergleichsweise einfacher wird. Das kann zur Folge haben, dass BIPoC, die die verschiedenen Formen ihrer Benachteiligung kennen und erleben, also ein Erfahrungswissen haben, Rassismus in all seinen Feinheiten eher wahrnehmen. *Weißen* Menschen hingegen erscheinen ihre Privilegien als normal, sie können sich, wenn sie sich noch nicht mit Rassismus beschäftigt haben, oft nicht vorstellen, dass BIPoC die Gesellschaft ganz anders wahrnehmen.[12] Kurz: Wie und ob wir Rassismus wahrnehmen, hängt davon ab, ob er uns Vor- oder Nachteile verschafft. Unsere soziale Position im Kontext von Rassismus bestimmt unseren Kampf gegen ihn.

BIPoC haben manchmal — weil ihnen Rassismus selber widerfährt — ein besseres Gespür dafür, wann etwas passiert, das rassistisch ist. Das ist eine wichtige

12 »White Privilege« (*weiße* Privilegien) ist ein Konzept aus den USA, das die gesellschaftlichen Vorteile von *Weißen* gegenüber BIPoC beschreibt. Einer der bekanntesten Aufsätze zum Thema stammt von der *weißen* feministischen Aktivistin und Wissenschaftlerin Peggy McIntosh, die 1988 »White Privilege« als einen unsichtbaren Rucksack für *Weiße* beschreibt. Einen Rucksack mit selbstverständlichen Vorteilen im Alltag für *Weiße*, die sich diese aber weder erarbeitet haben noch hinterfragen.

Ressource, um sich gegen Rassismus einzusetzen, denn wir müssen Rassismus erkennen, um gegen ihn vorgehen zu können. Für dieses Gespür sollten *weiße* Menschen sensibel sein und nicht versuchen, Rassismuserfahrungen von BIPoC, die ihnen selbst fremd sein können, zu relativieren oder gar zu leugnen. *Weiße* Menschen haben dafür die Möglichkeit, die Vorteile, die Rassismus ihnen verschafft, für ihr Eintreten gegen Rassismus zu nutzen.[13]

13 »Critical Whiteness« (kritisches *Weißsein*) beschreibt einen politischen und wissenschaftlichen Ansatz. Aus einer rassismuskritischen Perspektive beschäftigt er sich mit den Subjekten, die Rassismus erzeugen, und den meist unhinterfragten Privilegien *weißer* Menschen. Der Begriff entstand auf Grundlage der Erfahrungen von BIPoC, deren Erlebnisse sich deutlich von denen *weißer* Menschen unterscheiden. Kritisches *Weißsein* bietet *weißen* Menschen die Gelegenheit ihre Privilegien kritisch zu reflektieren und diese als Teil ihrer Rassismuskritik zu verwenden.

1.4. Rassismen

In der Rassismusforschung wird auch von Rassis*men* gesprochen. Das hängt damit zusammen, dass die rassistische Kategorisierung von Menschen nicht nur anhand von Hauttönen, sondern zum Beispiel auch anhand von tatsächlicher oder zugeschriebener Religion oder geografischer Herkunft geschieht. Wenn wir Rassismus entgegentreten wollen, ist es wichtig, dass wir seine verschiedenen Formen kennen — das gilt für *weiße* Menschen und BIPoC gleichermaßen.

Auf den nächsten Seiten findest du kurze Erklärungen von Expert*innen zu verschiedenen Formen von Rassismus. Im Kern tragen all diese Formen dazu bei, dass Rassismus als System beziehungsweise *weiße* Vorherrschaft erhalten bleibt, allerdings funktioniert die Einordnung von Menschen in Gruppen teils unterschiedlich. ~

ANTI-ASIATISCHER RASSISMUS

TEXT
VANESSA VU

Asiatische Menschen gelten als gut integriert im Sinne von unauffällig und fleißig. Was viele dabei übersehen: Auch sie werden seit jeher ausgegrenzt, angefeindet und getötet. Die Demütigungen beginnen schon früh, wenn etwa andere Kinder die Augenwinkel nach oben ziehen oder komplexe Sprachen zu Fantasiewörtern wie »Ching Chang Chong« verkürzen. Hinzu kommen vermeintlich positive Zuschreibungen wie ein Mathetalent. Tatsächliche Interessen werden dadurch überdeckt und Kinder und Jugendliche unter Druck gesetzt.

Bedrohlich werden Vorurteile, wenn sie an »Gelbe Gefahr«-Mythen aus der Kolonialzeit anknüpfen, etwa, dass Asien eine Übermacht sei, die es abzuwehren gelte. Nationalsozialisten enteigneten unter diesem Vorwand Chines*innen und folterten sie in Arbeitslagern. Eine rechtsextreme Terrorgruppe ermordete 1980 zwei Geflüchtete aus Vietnam. Jugendliche zündeten 1992 in Rostock-Lichtenhagen das Wohnheim von vietnamesischen Vertragsarbeiter*innen an. In der Coronapandemie wurden Asiat*innen pauschal zu Gefahrenbringern erklärt und angegriffen. Darüber hinaus ist

VANESSA VU *ist Journalistin. Sie schreibt und redigiert bei ZEIT ONLINE Texte zu gesellschaftspolitischen Themen und co-hostet den Podcast »Rice and Shine« für viet-deutsche Geschichten und Perspektiven.*

asiatische Weiblichkeit seit dem Mittelalter Gegenstand *weißer* Machtfantasien, was sie in besonderem Maße ungewollten Annäherungen und sexualisierter Gewalt aussetzt. ~

ANTI-SCHWARZER RASSISMUS

TEXT
EMILENE WOPANA MUDIMU

Anti-Schwarzer Rassismus ist eine Form von Rassismus, die sich spezifisch gegen Schwarze, afrikanische und afrodiasporische[14] Menschen richtet. Die rassistische Diskriminierung erfolgt in erster Linie auf Grundlage der Hautfarbe und dem damit verbundenen vermeintlichen Widerspruch zur *weißen*, universal gültigen Norm. Diese Strukturen haben auch im deutschen Kontext bereits einen vorkolonialen Ursprung und wirken bis heute weiter. Gängige Beispiele

EMILENE WOPANA MUDIMU *(sie/ihr), geboren 1992 in Kinshasa, ist Sozialpädagogin, rassismuskritische Bildungsreferentin, Moderatorin und Spoken-Word-Künstlerin aus Aachen und setzt sich seit fast zehn Jahren aktivistisch für BIPoC-Communities bundesweit ein. Seit 2014 leitet sie mit ihrem Ehemann Sebastian Walter das soziokulturelle Jugendzentrum »KingzCorner«.*

14 Diaspora bedeutet Zerstreuung oder Verstreutheit und bezeichnet Gruppen, die zum Beispiel historisch eine geografische Herkunft teilen und nun nicht mehr an diesem Ort leben. Afrodiasporisch bezieht sich auf das gemeinsame kulturelle Erbe von Menschen mit afrikanischen Bezügen oder Identitäten.

dafür sind etwa die Verwendung des »N-Wortes« oder auch Erfahrungen mit polizeilichen Kontrollen (Racial Profiling) und die Konfrontation mit physischer Gewalt.

Anti-Schwarzer Rassismus ist jedoch auch eng verknüpft mit sozialer Positionierung. So lässt er sich nicht nur in Deutschland und anderen westlich geprägten, mehrheitlich *weißen* Gesellschaften beobachten, sondern auch in Ländern des globalen Südens, wo unter anderem Armut, Benachteiligung und soziale Ungleichheit noch stärker wirken, je dunkler die Hautfarbe ist. Anti-Schwarzer Rassismus kann in Wechselwirkung mit anderen Formen wie etwa antimuslimischem Rassismus, (Hetero-)Sexismus oder Klassismus stehen und dazu führen, dass Betroffene mehrfachdiskriminiert werden.

ANTISEMITISMUS

TEXT
MONTY OTT

In bisher unerreichter Kürze erklärte der Frankfurter Sozialphilosoph Theodor W. Adorno, was unter Antisemitismus zu verstehen ist: »Das Gerücht über die Juden«. Was auf den ersten Blick kryptisch und irgendwie unzureichend klingt, benennt auf den zweiten Blick, wie Jüdinnen*Judenfeindschaft funktioniert. Antisemit*innen sehen in »dem Jüdischen« oder in »dem Juden« zwar den Feind der Menschheit, doch hat ihr Feindbild nichts mit tatsächlichem jüdischen Leben oder den Erfahrungen jüdischer Menschen zu schaffen. Was die*der Antisemit*in hasst, das kommt aus ihr*ihm selbst. Sie

MONTY OTT *ist Publizist, promoviert zu »Queer und jüdisch in Deutschland« und war von 2018 bis 2021 Gründungsvorsitzender der queer-jüdischen Initiative Keshet Deutschland e. V. Ott kommentiert regelmäßig tagespolitische Ereignisse in überregionalen Medien wie u. a. taz, WELT und DIE ZEIT und ist außerdem Teil des jüdisch-aktivistischen Medienprojekts »Laumer Lounge«. Derzeit arbeitet er an seiner ersten Buchpublikation.*

hassen Jüdinnen*Juden etwa für ihre angebliche Macht und Mobilität. Damit übertragen sie etwas, was sie sich selbst wünschen: frei und ungebunden zu sein. »Der Jude« sei stellvertretend schlecht oder böse, weil er das kann, worauf alle anderen verzichten müssen. Er stehe außerhalb von oder über Zwängen und Pflichten. Antisemit*innen erkennen nicht, wie sie ihre gesellschaftliche Macht nutzen, um auf eine andere Gruppe zu treten, die zu jedem Zeitpunkt in der Geschichte unterlegen und politisch von der Mehrheit abhängig war.

Der Antisemitismus ist nicht nur eine Ideologie, also ein Weltbild, das Herrschaft über andere Menschen verschleiert. Antisemitismus ist eine Ideologie, mit der die ganze Welt erklärt werden soll, eine Welt, die immer komplizierter und schwieriger zu verstehen wird. Für diese Komplexität bietet der Antisemitismus eine einfache Antwort: Es gibt eine Gruppe, die an allem Schlechten und Unverstandenen schuld ist. Denn sie kontrolliert angeblich alles. Damit hat sie auch die Verantwortung für gefühlte politische, wirtschaftliche und soziale Krisen. Weil »der Jude« nicht nur als irgendwie unfassbar und fremd, sondern gleichzeitig als übermächtig gilt, stellt sich die*der Antisemit*in vor, dass es keine andere Lösung gibt, als alles »Jüdische« zu vernichten — wobei freilich sie*er entscheidet, was »jüdisch« zu sein hat.

Die Vernichtung ist immer das finale Ziel des Antisemitismus, in jeder seiner Ausprägungen. Denn alle Probleme können nur dann gelöst und gesellschaftliche Harmonie nur dann erreicht werden, wenn die vermeintliche »Ursache« allen Übels aus der Welt geschafft wurde. Deshalb kann potenziell jede*r Antisemit*in zur Tat schreiten und die Welt in die Hölle verwandeln, die sie*er schon immer in ihr gesehen hat. Dieses Zur-Tat-Schreiten kennt ganz unterschiedliche

Formen, es kann sich in einem Unbehagen gegenüber Jüdinnen*Juden ausdrücken oder in der Vorstellung, dass sie besonders arrogant seien oder keine Steuern zahlen würden. Es kann sich in der Abwertung des Judentums als verstockte, veraltete oder überholte Religion äußern oder darin, dass Menschen durch die Straßen ziehen, Jüdinnen*Juden bedrohen, Synagogen beschädigen oder zerstören wollen und schließlich schwer bewaffnet Jüdinnen*Juden ermorden wollen.[15]

15 Empfehlungen von Monty Ott

PODCASTS

»NSU-Watch: Aufklären und Einmischen«: https://nsu-watch.info/podcast

»Cui Bono: WTF happened to Ken Jebsen«: https://cui-bono.podigee.io

»de:hate«: https://amadeu-antonio-stiftung.de/dehate/podcast

BÜCHER

Meron Mendel, Astrid Messerschmidt (Hg.): »Fragiler Konsens. Antisemitismuskritische Bildung in der Migrationsgesellschaft«, Campus Verlag, Frankfurt/Main 2019.

Monika Schwarz-Friesel, Jehuda Reinharz: »Die Sprache der Judenfeindschaft im 21. Jahrhundert«, De Gruyter, Berlin 2013.

Samuel Salzborn: »Globaler Antisemitismus«, Beltz Verlag, Weinheim 2020.

Leon Poliakov: »Geschichte des Antisemitismus«, 8 Bände in Kassette, Jüdischer Verlag, Berlin 1989.

FILME

Arkadij Khaet, Mickey Paatzsch: »Masel Tov Cocktail«, D 2020.

ANTIMUSLIMISCHER RASSISMUS

TEXT LINDA HAMOUI

Seit dem 11. September und mit Beginn des »Kriegs gegen den Terror« haben sich weltweit und so auch in Deutschland bestehende Ansichten und Vorstellungen verstärkt beziehungsweise neu aufgebaut, die die Religion des Islam und damit auch muslimische Menschen häufig auf Narrative wie Gut versus Böse, Westen versus Islam, Moderne versus Rückständigkeit reduzieren. Dieses sehr vereinfachte, gefährliche beziehungsweise negative Bild vom Islam unterstützt die Entstehung und Verstärkung von rassistischem Denken, Vorurteilen und Stereotypisierungen. In diesem Fall wird auch von »antimuslimischem Rassismus« gesprochen.

Der Begriff »antimuslimischer Rassismus« meint eine Abwertung und Ausgrenzung von Muslim*innen. Dabei kann dieser nicht nur religiös praktizierende Muslim*innen betreffen, sondern auch Personen, die überhaupt nicht muslimisch sind, sondern allein wegen ihres Aussehens, ihres Eigennamens, ihrer Sprache, ihrer Herkunft oder Lebensgewohnheiten dem Islam zugeordnet werden. Die Bezeichnung »Muslim*in« wird zudem oftmals mit »Migrant*in« oder »Ausländer*in« gleichgesetzt — die »angeblichen« Muslim*innen werden somit »rassifiziert«.

LINDA HAMOUI *ist Islamwissenschaftlerin und Co-Founderin von »Hamam Talk« — einer Online-Bildungsplattform auf Instagram. »Hamam Talk« bietet zudem Workshops und Consulting in den Bereichen antirassistisches Denken und Handeln sowie interkultureller Kommunikation an.*

TEXT
SERÇE BERNA ÖZNARÇIÇEĞI

RASSISMUS GEGEN ROM*NJA UND SINTI*ZE

Wenn ich an den spezifischen Rassismus gegen Rom*nja und Sinti*ze denke, dann denke ich an die innereuropäische Versklavung von Rom*nja und Sinti*ze. Ich denke daran, dass wir als einziges Kollektiv zu Vogelfreien erklärt wurden und somit Mord und Totschlag erfuhren. Ich denke an die jahrhundertelangen Rassismen, die im Samudaripen[16] mündeten.

1945 wurden die Deutschen besiegt und die Welt wurde von der NS-Gewaltherrschaft befreit. Die nationalsozialistischen Ideologien hingegen wurden nicht besiegt. Die systematische Totalerfassung von Rom*nja und Sinti*ze wurde nach 1945 ungebrochen

16 Selbstbezeichnung von Rom*nja und Sinti*ze für den Holocaust in der Sprache Romanes.

17 Siehe Romani Rose: »Bürgerrechte für Sinti und Roma. Das Buch zum Rassismus in Deutschland«, hg. v. Zentralrat Deutscher Sinti und Roma, Heidelberg 1987, S. 35.

18 Es kann keine Wiedergutmachung nach dem Samudaripen geben.

fortgeführt. Polizeibehörden übernahmen Personal- und NS-Akten über Rom*nja und Sinti*ze und ergänzten diese über die Jahrzehnte hinweg. Bis in die 1970er-Jahre lehrten Polizeibehörden ihre neuen Kolleg*innen die KZ-Nummern von überlebenden Rom*nja und Sinti*ze zur Personenidentifizierung zu nutzen.[17] Auch die »Wiedergutmachung«[18] stellte sich als eine Retraumatisierung dar, da die Begutachter*innen in der Regel alte Nationalsozialist*innen waren und die Begegnung mit ihnen nicht anders bezeichnet werden kann als retraumatisierend. Im Land der Täter*innen und NS-Kontinuitäten ist es nicht verwunderlich, dass der Porajmos[19] erst 1982 als Genozid anerkannt wurde. Dies ist der Bürger*innenrechtsbewegung der Rom*nja und Sinti*ze zu verdanken. Nachdem Bestrebungen, die NS-Täter*innen vor Gericht zu stellen, erfolglos blieben[20], organisierten sich überlebende Sinti*ze und Rom*nja. Während die Menschen mit Nazihintergrund und -vordergrund den Samudaripen leugneten, erkämpfte die Bürger*innenrechtsbewegung nicht nur die Anerkennung des Genozids als solchen, sondern schaffte eine Kontinuität des Kampfes und des Widerstandes in einer postnationalsozialistischen Gesellschaft, die bis heute in NS-Kontinuitäten verharrt.[21]

Heute gibt es ein breites Spektrum an Selbstorganisation. Die Diversität der unterschiedlichen Organisationsformen und Themenschwerpunkte liegt unter anderem daran, dass Sinti*ze und Rom*nja eine stark heterogene Gruppe sind.

SERÇE BERNA ÖZNARÇIÇEĞI
Ich bin eine türkisch-muslimisch sozialisierte, neurodiverse alevitische Romni. Aufgrund meiner Erfahrung mit verschiedenen Identitäten ist mir eine intersektionale Perspektive wichtig. Diese Identitäten brachten mich verschiedenen Kollektiven näher. Innerhalb dieser agiere ich im Kontext der Empowermentarbeit mit dem Ziel, intersektionale Räume zu schaffen.

19 Selbstbezeichnung von Rom*nja und Sinti*ze für den Holocaust in der Sprache Romanes.

20 Das postnationalsozialistische Deutschland leugnete den Genozid an Sinti*ze und Rom*nja.

21 »Z-Wort« ist eine Fremdbezeichnung, die u. a. schon die Nazis verwendeten, um Sinti*ze und Rom*nja abzuwerten. Über 500.000 Sinti*ze und Rom*nja wurden von den Nazis ermordet und vielen wurde der Buchstabe »Z« in den Konzentrationslagern auf die Haut tätowiert. Deshalb ist auch die Umgehung – das »Z-Wort« – nicht zu reproduzieren. Bis heute ist die Fremdbezeichnung eng mit rassistischen Vorurteilen verbunden.

Hier stellen wir weitere Informationen zum 1. Kapitel für dich bereit:

Bücher, Instagram-Accounts, Onlinemagazine und Initiativen.

2

Wie du Kinder von Anfang an antirassistisch begleitest

2.1. Solidarisch gegen Rassismus

In der Entwicklung von Kindern wird es unweigerlich Erfahrungen mit Rassismus geben — ob aktiv oder passiv. Struktureller Rassismus wird zu Beginn noch zu komplex sein, um ihn Kindern verständlich zu machen. Allerdings ist rassismuskritische Bildung eine politische Bildung, die ohnehin nicht mit einem Gespräch abgeschlossen ist. Es gibt unzählige Gelegenheiten, um Rassismus beziehungsweise Empowerment und Powersharing im Alltag zu thematisieren — und das vom Kleinkindalter an.

Mit Kleinkindern geht es erst mal weniger darum, dass wir tatsächlich über Rassismus sprechen. Viel wichtiger ist, dass wir Diversität von Anfang an als normalen Bestandteil des Alltags vorleben und integrieren: Das kann von der Kita über die Freizeitbeschäftigung bis hin zu den Spielpartner*innen und zur Auswahl der Spielzeuge und Medien gedacht werden. Entscheidend ist hier nicht nur, ob BIPoC dargestellt werden, wesentlich ist wie.

Ein grundlegender Aspekt, der oft nicht genug Beachtung findet, ist unser eigenes Verhalten. Kleine Kinder ahmen uns und andere nach und versuchen sich so in der Interaktion. Sie lernen durch Beobachtung. Da ist es naheliegend, dass wir unser eigenes Verhalten kritisch reflektieren: Wie gehe ich mit Rassismus um? Trete ich rassistischem Verhalten entschieden entgegen? Wann mache ich das nicht und warum? Wie wirkt sich meine Position im Zusammenhang mit Rassismus — als BIPoC beziehungsweise *weiße* Person — auf mein Verhalten als Bezugsperson aus? Habe ich Strategien im Umgang mit Rassismus, die hilfreich für Kinder sein können? Es gibt unzählige Fragen, die wir uns stellen können — es lohnt sich!

Doch was wir als Bezugspersonen an Kinder weitergeben können, hängt nicht nur von unserer sozialen Position ab, sondern natürlich auch von der Position der Kinder. *Weiße* Elternteile Schwarzer Kinder zum Beispiel, die Rassismus selbst nicht erleben, haben keine persönlichen Erfahrungswerte bezüglich rassistischer Diskriminierung. Das heißt nicht, dass sie nicht unterstützen können! Es heißt, dass es umso wichtiger ist auszuloten, in welcher Konstellation wir uns befinden und wie wir damit umgehen können.

Du siehst, dass Sprechen nicht immer der Dreh- und Angelpunkt ist, wenn wir Kindern Rassismus näherbringen wollen. Was wir ihnen im Alltag vorleben — und das oftmals ganz unbewusst —, ist bereits im Kleinkindalter äußerst prägend und sollte nicht unterschätzt werden. ~

Ihre praktischen Erfahrungen mit den Mechanismen und Auswirkungen von Rassismus einerseits und mit antirassistischen Strategien andererseits teilen drei Expertinnen in diesem Kapitel mit uns. Die Psychologin Stephanie Cuff-Schöttle erläutert im Interview (S. 34), wie Kinder Rassismus lernen und wie er sich auf BIPoC-Kinder auswirken kann. Im Gespräch mit Olaolu Fajembola und Tebogo Nimindé-Dundadengar (S. 40) — den Autorinnen, Workshopleiterinnen und Gründerinnen des vielfältigen Onlineshops »tebalou« — werden Empowerment und Powersharing als Strategien zur Bekämpfung von Rassismus betrachtet.

2.2. Antirassistischer Alltag — Bücher, Spielzeuge, Sendungen und Umfeld

Vielfältiges Spielzeug, Bastelmaterialien, Kinderbücher und Sendungen sind großartig und wichtig für alle Kinder. In der Entwicklung der eigenen Identität ist es für Kinder essenziell, sich in Darstellungen und Spielzeugen wiederzufinden, sodass sich BIPoC- und *weiße* Kinder in unterschiedlichsten und starken Rollen kennenlernen. Nur so können sie sich selbst vorstellen, vieles werden zu können: von Ärztin*Arzt über Bäcker*in bis Kanzler*in.

Derzeit werden in Deutschland vor allem *weiße* Kinder in den Spielmitteln repräsentiert. So zementiert sich *Weißsein* als Norm, auch wenn die globale Mehrheit BIPoC sind. Ein Beispiel: Im deutschsprachigen Raum gab es lange Zeit nur einen Buntstift in »Hautfarbe«. Seine Farbe lag zwischen hellrosa und beige, mit »Hautfarbe« waren entsprechend ausschließlich *weiße* Menschen gemeint. Wenn Strumpfhosen, Buntstifte oder Kosmetik so ausgewiesen sind, wird *Weißsein* als Norm gefestigt.

In den letzten Jahren hat sich jedoch einiges getan und so ist es inzwischen etwas einfacher, vielfältige Spielmaterialien in Kitas, Geschäften und Bibliotheken zu finden, in denen sich auch BIPoC-Kinder wiederfinden können und mit denen *weiße* Kinder von Anfang an lernen, dass BIPoC ein selbstverständlicher Teil der Gesellschaft sind.

Eine weitere Möglichkeit, Diversität als normalen Bestandteil des Alltags zu entwickeln, ist das eigene Umfeld. Such dir inklusive Spielgruppen[22], Kitas, Sportvereine und versuche, deine Kinder in ein Umfeld zu bringen, in dem Vielfalt selbstverständlich gelebt wird.[23] ~

22 Inklusion bedeutet, dass alle Menschen zur Gesellschaft dazugehören, ganz unabhängig von Äußerlichkeiten, Fähigkeiten, Herkunft, Alter, Klasse, Geschlecht oder sexueller Orientierung. Inklusive Gruppen zielen darauf ab, alle Menschen mit einzubeziehen und niemanden zu bevorzugen.

23 Empfehlungen für BIPoC-Familien

Die »Black Dads Germany« (BDG) sind eine Initiative für Schwarze Väter, Mütter und Familien: https://black-dads-germany.com

Der Club »Brown Skin Mermaids« empowert Schwarze Mädchen von 5–10 Jahren, bietet Workshops und Events an: brownskinmermaids

»Schwarze Mamas reden« ist eine Plattform für Austausch – von Schwarzen Mamas für Schwarze Mamas: schwarzemamasreden

2.3. Wie Kinder Rassismus lernen

Ein Gespräch mit Stephanie Cuff-Schöttle

Viele — insbesondere *weiße* — Menschen gehen davon aus, dass Kinder nicht rassistisch sind. Ab wann lernen Menschen Rassismus?

In internationalen Studien wurde mehrfach belegt, dass Kinder schon sehr früh Unterschiede zwischen Personen hinsichtlich äußerer Merkmale erkennen. Mit etwa drei bis vier Jahren sind diese äußeren Unterschiede für Kinder schon mit einer Wertung verbunden. Sie sind dann schon so weit an die Gesellschaft angepasst, dass sie verstehen, wer »das Sagen« hat. Das heißt, sie bekommen im Zusammenhang mit Rassismus mit, wer gezeigt wird und wer nicht und wer als normal, schön oder wertvoll wahrgenommen wird.

Was heißt das konkret? Schon im Alter von zweieinhalb Jahren wählen Kinder ihre Spielkamerad*innen anhand des Hauttons aus. Mit vier bis fünf Jahren sind rassistische Stereotype schon so weit verinnerlicht, dass Kinder bestimmten Personengruppen eine höhere Wertigkeit einräumen als anderen. Das verdeutlicht sich beispielsweise daran, dass BIPoC-Kinder *weiße* Kinder als Spielpartner*innen bevorzugen, wohingegen *weiße* Kinder andere *weiße* Kinder priorisieren.

Rassismus bewirkt, dass uns unterschiedliche Rollen in der Gesellschaft zugeschrieben werden. Wie können

Bezugspersonen Kindern helfen, sich jenseits dieser Rollen wahrzunehmen?

Ich denke, es ist wichtig, dass Bezugspersonen und Kinder zunächst einmal verstehen, mit welchen Rollen wir belegt sind und welche Zuschreibungen es gibt. Welche Zugänge gestalten sich leichter und welche schwerer für uns im Vergleich zu anderen Personen? Ich glaube, dass es schwierig ist, sich fernab dieser Rollen wahrzunehmen, deshalb ist es umso wichtiger sie zu reflektieren und Kindern das Phänomen dahinter zu erklären. Ich habe die Erfahrung gemacht, dass Kinder bereits sehr früh verstehen können, wenn wir versuchen, Rassismus zu erklären. Sie verstehen beispielsweise, was die ursprüngliche Idee hinter der Behauptung von »Rassen« und der damit verbundenen Hierarchisierung war und dass sich viele dieser pseudowissenschaftlichen Ideen bis heute halten.

Was können Bezugspersonen *weißer* Kinder tun, um dazu beizutragen, dass sie nicht nur nicht rassistisch handeln, sondern sich aktiv gegen Rassismus einsetzen?

Ein Basic ist, dass *weiße* Kinder verstehen müssen, wann Rassismus passiert. Wir kommen nicht darum herum, schon früh über Rassismus zu sprechen, und zwar so früh, wie BIPoC-Kinder von Rassismus betroffen sind. Wir müssen darüber sprechen, dass Rassismus existiert und wie er

STEPHANIE CUFF-SCHÖTTLE

Stephanie Cuff-Schöttle ist Diplom-Psychologin, Heilpraktikerin für Psychotherapie, systemische Familiensozialtherapeutin, integrative Paartherapeutin und Stressmanagementtrainerin. Sie arbeitet in der rassismuskritischen und -sensiblen Beratung, bietet Fortbildungen für Fachpersonal und Workshops für rassismuserfahrene Menschen an.

aussieht und Beispiele benennen, denn *weiße* Kinder wissen oft gar nicht, was rassistische Handlungen sind, weil *weiße* Bezugspersonen auch oft nicht verstehen, was damit genau gemeint ist. Es ist eine Aufgabe von *weißen* Bezugspersonen *weißer* Kinder sich dahingehend zu bilden, um Kindern erklären zu können, warum etwas rassistisch ist. Sie können als Vorbild fungieren und rassistisches Verhalten zum Beispiel bei ihren eigenen Kindern ansprechen. Kinder dürfen bemerken, dass es ein schwieriges Thema ist, für das wir viel lernen müssen und sie dürfen auch wahrnehmen, dass es sich unangenehm anfühlt, an sich selbst zu erkennen, wie Rassismus funktioniert. Möchten die Bezugspersonen die Kinder darin stärken auf beobachteten Rassismus aktiv zu reagieren, ist es sinnvoll mit ihnen zu erarbeiten, was sie konkret in solchen Situationen tun können: beispielsweise die beobachteten Beleidigungen stoppen, Hilfe holen, Gegenargumente parat haben.

Als Psychologin arbeitest du praktisch: Wie wirkt sich Rassismus auf BIPoC-Kinder aus?

Wenn wir darüber sprechen, wie sich Rassismus auf BIPoC-Kinder auswirkt, dann müssen wir auch ihre Bezugspersonen mitdenken, die durch Rassismus möglicherweise ebenfalls traumatische und stressvolle Erfahrungen machen und gemacht haben. Es ist inzwischen nachgewiesen, dass traumatischer Stress sich in die DNA einschreibt und so an folgende Generationen weitergegeben wird und diese Personen generell ängstlicher und anfälliger für stressbedingte Erkrankungen sind.[24]
Das alles hat natürlich Auswirkungen auf die elterlichen Ressourcen, die Kapazitäten, die eigenen Kinder zu supporten, den allgemeinen Erziehungsstil und somit auf die Beziehungsdynamiken innerhalb von Familiensystemen.

Weiterhin sind die Auswirkungen von Rassismus auch vom Alter und dem Entwicklungsstand eines Kindes abhängig, denn dementsprechend existieren gewisse Fähigkeiten, die eigenen Erfahrungen mit Rassismus benennen und einordnen, aber auch Gefühle dazu äußern zu können. Auch hier kommt den Bezugspersonen eine wichtige Stellung zu: Sind es Bezugspersonen, die ebenfalls Rassismus erfahren und aktiv Strategien verwenden, um damit umzugehen? Oder sind es vielleicht Bezugspersonen, die selbst betroffen sind, aber wenig Kapazitäten haben, um einen guten Umgang mit Kindern zu finden? Wichtig ist auch die Umgebung: Befindet sich das BIPoC-Kind in einem Umfeld, in dem Diversität gelebter Alltag ist? Findet es sich selbst mit seinen Lebensrealitäten durch andere repräsentiert? Oder wächst es in einer Umgebung auf, in der es mit seinen Erfahrungen alleine steht und als »Ausnahme«, als »anders« markiert wird? Die erlebte Unterstützung und die Intensität und

24 Siehe Ciani-Sophia Hoeder: »Liegt Schmerz in unserem Blut? Epigenetik und posttraumatisches Sklavensyndrom«, in: Rosa Mag, 08.08.2019, https://rosa-mag.de/liegt-schmerz-in-unserem-blut-epigenetik-und-posttraumatisches-sklavensyndrom

Dauer von rassismusinduziertem Stress sind natürlich weitere Faktoren, die auf das psychische und körperliche Wohlbefinden einwirken. Ich habe mit Kindern und Jugendlichen gearbeitet, die manchmal über sehr lange Zeiträume Rassismus in Form von Ausgrenzung oder Beleidigungen erfahren haben. Sie haben teilweise Suizidgedanken, Gefühle von Hoffnungslosigkeit, zeigen ein depressives Verhalten sowie Wut und Aggression, wollen nicht mehr in die Schule oder den Kindergarten gehen und werden oft als »auffällig« wahrgenommen. Dabei ist das ihr Umgang mit einem oft wenig unterstützenden Umfeld, in dem sie viel Abwertung erfahren.[25]

Was können Eltern von BIPoC-Kindern im Alltag tun, um ihre Kinder zu unterstützen?

Das ist eine große Frage, weil es sehr viele Ebenen und Ansätze gibt. Einer davon aus den USA nennt sich RES, Racial Ethnic Socialization, er wird von der American Psychological Association empfohlen. Denn inzwischen ist aus Studien bekannt, dass Kinder, die auf Rassismuserfahrungen vorbereitet

25 Buchempfehlungen

Der Band »Gefangen in der Gesellschaft – Alltagsrassismus in Deutschland: Rassismuskritisches Denken und Handeln in der Psychologie« von Dileta Fernandes Sequeira (Tectum Wissenschaftsverlag, Marburg 2015) beschäftigt sich u. a. mit den psychologischen Auswirkungen von Rassismus. Ebenfalls empfehlenswert dazu ist »Plantation Memories: Episodes of Everyday Racism« von Grada Kilomba (Unrast Verlag, Münster 2018).

werden und die ihre kulturellen Bezüge kennen und sie wertschätzen, weniger Symptome entwickeln. Das setzt allerdings voraus, dass sich zum Beispiel die Eltern mit der eigenen Sozialisation und ihren Erfahrungen mit Rassismus, aber auch mit ihrer Identität und ihren Strategien im Umgang mit Rassismus auseinandersetzen.[26]
Wichtig ist aber auch die praktische Ebene, also bewusst Filme, Serien und Literatur auszuwählen, in denen BIPoC-Kids als Vorbilder sichtbar werden, ohne dass ihnen stereotypisierte Rollen zugeschrieben werden. Und Räume zu nutzen oder selbst zu gestalten — wie Empowerment-Räume oder Eltern-Kind-Gruppen —, in denen sich die Kinder sicher und repräsentiert fühlen. Bei all dem ist essenziell, Diversität als Selbstverständlichkeit zu leben, aufzuzeigen, wertzuschätzen und zu zelebrieren. ~

26 Empfehlungen von Stephanie Cuff-Schöttle

Hier findet ihr Tipps für Eltern zu einem aktiven Umgang mit Rassismus, der die Sozialisierung durch rassistische Unterscheidungen thematisiert, um diesen von klein auf zu begegnen: https://apa.org/res/parent-resources/parent-tips.pdf

Weitere praktische Informationen zur Unterstützung von BIPoC-Kindern findet ihr bei EmbraceRace: https://embracerace.org

POWER ME ist ein Empowerment-Projekt für BIPoC-Kinder in Berlin, dessen Ziel es ist, rassismuserfahrene Kinder im Umgang mit Rassismus und Diskriminierung zu begleiten und zu stärken. Es richtet sich an Kinder im Alter von 6–12 Jahren sowie pädagogische und psychologische Fachkräfte, Eltern und Bezugspersonen: powermeberlin

2.4. Was braucht mein Kind: Empowerment und Powersharing

Ein Gespräch *mit* Olaolu Fajembola und Tebogo Nimindé-Dundadengar

Was versteht ihr unter dem Begriff »Empowerment«?

Unter Empowerment verstehen wir sehr konkret die Praxis der Selbstbestimmung beziehungsweise Selbstermächtigung von benachteiligten Menschen innerhalb einer Gesellschaft. Das sind Menschen, die durch verschiedene Machtstrukturen von der gleichberechtigten Teilhabe an der Gesellschaft ausgeschlossen werden oder denen diese stark erschwert wird, wie Frauen*, BIPoC, Menschen, die behindert werden oder beispielsweise lesbische oder schwule Menschen. Benachteiligte Menschen nehmen im Zuge des Empowermentgedankens ihr Leben und ihr Schicksal in die eigenen Hände und gestalten ihre Handlungsräume selbst – losgelöst von gesellschaftlichen Zwängen, Stereotypen und Beschränkungen.

Wie können BIPoC-Kinder von Empowerment profitieren?

Für BIPoC-Kinder bedeutet Empowerment eine Erweiterung ihrer Selbstwirksamkeit, mehr Gestaltungsmöglichkeiten für ihr Leben und einen unverstellten, positiven und selbstbestimmten und -bewussten Zugang zu sich selbst. Empowerte

Kinder erlernen Rassismus und andere abwertende Strukturen zu erkennen, Verantwortung für sich zu übernehmen, eine stabile mentale, emotionale und psychische Gesundheit aufzubauen und ihre wahren Stärken und Fähigkeiten, also ihr komplexes »Ich« anzunehmen und zu lieben.[27]

27 Buchempfehlung

Das Buch »Empowerment als Erziehungsaufgabe: Praktisches Wissen für den Umgang mit Rassismuserfahrungen« von Nkechi Madubuko (Unrast Verlag, Münster 2020) zeigt Wege für Empowerment von BIPoC-Kindern im Alltag auf.

Wie unterscheiden sich Empowerment und Powersharing?

Während Empowerment die Perspektive von ausgegrenzten Gruppen und Menschen in den Fokus nimmt und das Ziel verfolgt, diese zu ermächtigen, richtet sich der Ansatz des Powersharings an Menschen und Gruppen, die privilegiert sind. Dabei übernehmen diese Menschen Verantwortung, indem sie sich mit ihrer Position innerhalb der Gesellschaft kritisch auseinandersetzen und aktiv daran arbeiten, ihre Macht und Privilegien zugunsten marginalisierter Mitmenschen umzuverteilen und die Welt so gerechter zu machen.

Kinder sind verschieden und mögen unterschiedliche Dinge: Was kann im Alltag zum Empowerment von BIPoC-Kindern beitragen?

Empowerment im Alltag beginnt damit, dass Kinder sich in ihrer Spiel- und Fantasiewelt wiedererkennen können und sich selbst im Zentrum dieser Welt erfahren dürfen. Das kann sowohl niedrigschwellig und rein optisch in ihren Spielsachen und Büchern, auf Postern und anderen visuellen Materialien

Olaolu Fajembola und Tebogo Nimindé-Dundadengar sind die Gründerinnen des Onlineshops »tebalou«, der sich auf den Verkauf von diversitätssensiblen Kinderbüchern und Spielsachen fokussiert hat. In Workshops und Seminaren beraten sie zu »Vielfalt im Spielzimmer«. Im August 2021 ist ihr Buch »Gib mir mal die Hautfarbe – Mit Kindern über Rassismus sprechen« erschienen.

sein. Aber auch sehr konkret in Liedern, Spielen und Erzählungen mit unterschiedlichen Sprachen und allen anderen kulturellen Dingen, die Menschen tagtäglich praktizieren. Wenn BIPoC-Kinder sich auf so viele unterschiedliche Weise als vollwertig und wundervoll erfahren, empowert sie das ungemein.[28]

28 Empfehlungen für vielfältige Spielmittel

ONLINESHOPS
tebalou
https://tebalou.shop

Diversity Spielzeug
https://diversity-spielzeug.de

DIVERSITY IS US
https://diversity-is-us.de/shop

INSTAGRAM-ACCOUNTS
buuu.ch
afrokids.germany
vielfalt_im_kinderzimmer
diversekidslit

INITIATIVEN
KIMI-Siegl
https://kimi-siegel.de

iPäd
http://i-paed-berlin.de/de/Kinderbuecher/

2.5. Fragen beantworten, Missverständnisse ausräumen

Kleinkinder und Kinder im Vorschulalter sagen alles, was ihnen durch den Kopf geht. Das muss uns nicht beunruhigen. Im Gegenteil: Das kann ein guter Anlass für uns sein, über Sachverhalte zu lernen, über die wir bisher selbst noch wenig wussten. Das können wir auch mit unseren Kindern gemeinsam machen. Im Kontext von Rassismus können das ganz unterschiedliche Aspekte sein: Welche Religionen gibt es? Was sind besondere Feiertage in unterschiedlichen Religionen? Warum haben Menschen Sommersprossen? Was ist Melanin?

Es geht nicht darum, dass wir in jeder Situation die »richtige« Antwort auf die Frage eines Kindes parat haben — das ist unrealistisch und nicht notwendig. Aber es ist wichtig, dass wir uns Unsicherheiten eingestehen und im Anschluss recherchieren, wie wir einem Kind auch überraschende Fragen sachlich und sensibel beantworten können. ~

Hier stellen wir weitere Informationen zum 2. Kapitel für dich bereit:

Bücher, Spielmittel, Instagram-Accounts, diverse Shops, Magazine und Initiativen.

Rassismus

3

Wie du Rassismus mit Kindern im Grundschulalter besprichst

3.1. Rassismus benennen, Stellung beziehen

Erwachsene meinen oft, dass Rassismus ein zu schwieriges und kompliziertes Thema ist, als dass es mit Grundschulkindern besprochen werden könnte. Doch Kinder sind Teil dieses Systems, in dem sie entweder selbst Rassismus erfahren oder — wenn auch unbewusst — ausüben. Daher ist es so wichtig, dass wir sie begleiten, damit sie lernen, strukturellen Rassismus wahrzunehmen und zu benennen.

Sich gegen Rassismus zu positionieren, umfasst ganz wesentlich, ihn zu thematisieren. Rassismus lebt nämlich davon, dass er als normaler Teil des Alltags erscheint. Deswegen ist es bedeutsam, dass unsere kritische Auseinandersetzung damit mindestens genauso normal und alltäglich wird. Dazu bieten sich viele Gelegenheiten: Egal, ob es sich um eine Nachrichtensendung, rassistische Inhalte, einen Mangel an BIPoC in einem Kinderbuch oder eine alltägliche Erfahrung handelt —

es ist wichtig mit Kindern über Rassismus zu sprechen. Gleichzeitig können Grundschulkinder Rassismus in all seinen Nuancen noch nicht ganz begreifen, aber sie nehmen die Worte und Taten von Bezugspersonen ganz genau wahr. Es bietet sich deshalb an, eine einfache und direkte Sprache zu verwenden, wenn wir Rassismus wahrnehmen.

So wichtig es ist, dass wir Rassismus zum Thema machen, so wichtig ist, dass deutlich wird, dass wir jegliche Form von Rassismus nicht tolerieren. Teil unserer Aufgabe ist es deshalb, dass wir rassistische Stereotype benennen, wenn sie uns begegnen. Das kann zum Beispiel ein Plakat für eine Hilfsorganisation sein, das rassistische Klischees wiederholt oder eine Zeichentricksendung für Kinder, in der rassistische Fremdbezeichnungen wie das »I–Wort«[29], vorkommen. Wir können hier klar ansprechen, dass solche Plakate Mitleid erzeugen sollen, damit Menschen Geld spenden und dass dafür einseitige rassistische Vorurteile bedient werden. Haltung zu zeigen ist insbesondere dann wichtig, wenn Menschen in unserem Umfeld sich bewusst oder unbewusst rassistisch äußern: Wir setzen uns gegen Rassismus zur Wehr, indem wir Menschen darauf hinweisen, wenn sie rassistische Bemerkungen machen. Ein einfaches: »Das ist keine angemessene Bemerkung und das stimmt so nicht. Bitte sprich vor mir oder meinen Kindern nicht in dieser Weise« genügt manchmal schon. ~

Am Ende des Kapitels (S.53) findest du ein Interview mit der Lehrerin und ehemaligen Antidiskriminierungsbeauftragten für Schulen in Berlin, Saraya Gomis, in dem sie darüber spricht, wie Rassismus in der Schule wirkt.

29 Indigenous People ist die Selbstbezeichnung für Bevölkerungen, die seit Jahrtausenden ein Land bevölkern – vor der Kolonisierung. Allerdings wird dieser Begriff weitgehend für Menschen aus Nord-, Mittel- und Südamerika, der Karibik, Ozeanien und Australien verwendet. In der deutschen Übersetzung »indigene Menschen« ist der Begriff keine Selbstbezeichnung.

Warum das »I-Wort« eine rassistische Fremdbezeichnung ist, kannst du im Glossar auf S. 69 nachlesen.

3.2. Sprich mit Kindern über Gerechtigkeit, damit sie Rassismus verstehen

Kinder im Schulalter haben ein ausgeprägtes Bewusstsein dafür, wann sich etwas gerecht oder ungerecht anfühlt. Das ist eine gute Grundlage für Gespräche über Rassismus und die Auseinandersetzung damit. Denn oftmals ist es vor allem das Unwohlsein von Erwachsenen, die sich nicht sicher genug mit dem Thema fühlen, das dazu beiträgt, dass eine Beschäftigung mit Rassismus nicht stattfindet. Das ist fatal, denn gegen Rassismus einzutreten bedeutet ihn zu thematisieren und das bedeutet sowohl für BIPoC als auch für *Weiße* sich nicht immer wohl zu fühlen — wie auch, Rassismus ist kein schönes Thema.

Der Gerechtigkeitssinn und auch die Neugier von Kindern sind oftmals hilfreich, wenn wir über Rassismus sprechen, gemeinsam über ihn lernen, unsere Position in einer rassistischen Gesellschaft reflektieren und uns gegen Rassismus verbünden wollen. Gerechtigkeit kann dafür ein guter Einstieg sein: Rassismus, wie alle Formen von Diskriminierung, ist Teil eines ungerechten Systems, das *weißen* Menschen Vorteile gegenüber BIPoC verschafft.

Eine konkrete Möglichkeit ist, dieses ungerechte System *weißer* Privilegien und rassistischer Ausgrenzung am Beispiel eines Wettrennens zu veranschaulichen: Bitte die Kinder sich vorzustellen, dass ein Wettrennen stattfindet, in dem Läufer*innen von unterschiedlichen Startpositionen oder mit deutlichem zeitlichen Vorsprung losrennen. Danach können wir gemeinsam mit einigen Fragen überlegen: Wer gewinnt das Rennen? Für wen ist der Wettlauf leichter? Für wen ist er schwerer? Wie würde ein gerechter Wettlauf aussehen? Wir können unsere Gesellschaft mit einem solchen Rennen vergleichen und dabei herausstellen, dass unser Alltag so ungerecht ist wie der Wettlauf. Denn auch in unserem tagtäglichen Zusammenleben bekommen nicht alle Menschen die gleichen günstigen Startpositionen. Es ist wichtig, dass wir dabei immer wieder darauf hinweisen, dass im Kontext von Rassismus nicht etwa BIPoC selbst für ihre Benachteiligung verantwortlich sind, sondern dass Rassismus ein Unterdrückungssystem ist, das einzig den Zweck hat, dass *weiße* Menschen »leichter und schneller ins Ziel kommen«. ~

3.3. Vergangenheit kennen, Gegenwart verstehen

Rassismus ist keine neue Erscheinung, die von »bösen Menschen« mit »schlechten Absichten« ausgeht. Rassismus ist geschichtlich gewachsen und wirkt noch immer fort. Wenn wir das verstehen und vor allem mit Kindern teilen, deren Bezugspersonen wir sind, dann schaffen wir eine solide Grundlage, an die wir später anknüpfen können. Leider gibt es im deutschsprachigen Raum noch nicht allzu viele Materialien für das Grundschulalter, aber es kommen laufend neue hinzu.[30] Es lohnt sich also, immer mal wieder online und in Bibliotheken nach altersgerechten Materialien über die Geschichte des Rassismus zu suchen. Eine weitere Möglichkeit ist der Besuch von Ausstellungen, denn da gibt es immer wieder welche, die sich mit Rassismus beziehungsweise Antisemitismus beschäftigen. Dazu gehört zum Beispiel das Jüdische Museum in Berlin.

30 Empfehlung

Die Inhalte des KINDERSTARK MAGAZINS möchten BIPoC-Kinder ab sieben Jahren empowern, geeignet sind sie natürlich auch für *weiße* Kinder. https://kinderstark-magazin.de

Auch hier lohnt sich der Blick auf den Alltag. Dinge, die uns selbstverständlich erscheinen — etwa die Banane im Frühstücksmüsli oder die Kartoffel auf dem Grill — können wir rassismuskritisch hinterfragen: Woher kommen sie und wann sind sie wie hierhergekommen? Das kann der Einstieg in das Thema Kolonialismus sein. Es gibt vieles, das wir kaum bemerken, wie Straßen, die nach Kolonialisten benannt sind, und das uns eine lebensnahe Beschäftigung mit Rassismus ermöglicht.

Grundsätzlich ist es hilfreich, die Geschichte des Rassismus zu kennen, um zu verstehen, dass dieses ungerechte System nicht neu ist. Allerdings ist die Auseinandersetzung damit vor allem deshalb von Bedeutung, weil wir aufzeigen wollen, dass Menschen durch diese historisch etablierten rassistischen Strukturen bis in die Gegenwart benachteiligt werden.

Kleiner Tipp: So wichtig es ist, dass wir über die Gewalttaten *weißer* Menschen berichten, beispielsweise während der deutschen Kolonialzeit, so wichtig ist es, dass wir den Widerstand von BIPoC in der Vergangenheit und Gegenwart zum Thema machen. Denn so lange es Rassismus gibt, haben BIPoC gegen ihn gekämpft. Widerstand in den Fokus zu rücken ist auch deshalb sinnvoll, weil wir damit verdeutlichen können, dass wir gegen Rassismus eintreten können. Außerdem kann das für BIPoC-Kinder ein Moment des Empowerments sein.[31]

31 Empfehlungen

Auch auf YouTube gibt es einige tolle Kanäle. SchwarzRotGold.tv zum Beispiel porträtiert Schwarze Menschen in Deutschland. Der Podcast »Romani Chaji« wird von der gleichnamigen Mädchengruppe des Romani Phen Archivs herausgegeben und behandelt in kurzen Beiträgen aktuelle Themen.

Widerstandskämpferinnen

May Ayim

May Ayim wurde 1960 geboren. Als Autorin und Mitherausgeberin des Bandes »Farbe bekennen. Afrodeutsche Frauen auf den Spuren ihrer Geschichte« prägte sie den Begriff »Afrodeutsch« als eine der Selbstbezeichnungen für Schwarze Menschen in Deutschland mit.

Thị Minh Huyên Nguyên

Thị Minh Huyên Nguyên gründete 2020 als Teil eines fünfköpfigen Teams mit »Ich bin kein Virus« ein Netzwerk gegen Rassismus, der im Zuge der Coronapandemie speziell gegen asiatisch gelesene Menschen neue Ausmaße angenommen hat.

Serpil Temiz Unvar

Serpil Temiz Unvar ist die Mutter von Ferhat Unvar, der am 19. Februar 2020 bei dem rassistischen Anschlag in Hanau ermordet wurde. Sie hat die Bildungsinitiative FERHAT UNVAR ins Leben gerufen, um von Rassismus betroffenen Kindern und Jugendlichen eine Anlaufstelle zu bieten.

3.4. Kindern helfen, Rassismus in Schulen zu begegnen

Ein Gespräch mit Saraya Gomis

Wie wird aus deiner Erfahrung als Lehrerin und als ehemalige Antidiskriminierungsbeauftragte für Schulen in Berlin Rassismus in der Schule reproduziert?

Rassismus zeigt sich beispielsweise in der Wechselbeziehung von Menschen, die in Schulen als Schüler*innen, Lehrer*innen, Erzieher*innen oder in der Kantine oder auch im Sekretariat arbeiten. Wenn diese Menschen miteinander sprechen, können rassistische und andere diskriminierende Begriffe fallen. Wenn außerdem im Umgang Unterscheidungen, Ausgrenzungen und Ausschließungen gemacht werden, die die Würde angreifen oder verhindern, dass gleichberechtigt gelernt oder die geforderten Beurteilungen erbracht werden können, werden diese Äußerungen auch als rassistisch bestimmt. Lehrende, die Noten geben, die beurteilen, empfehlen und einordnen (müssen), sind dabei in einer anderen Position als Schüler*innen, die von diesen in vielfacher Weise abhängig sind, und auch ihr Wort hat meist ein anderes Gewicht.

Saraya Gomis lernt und lehrt und ist ehrenamtlich u. a. Teil von Each One Teach One e. V. (EOTO), einem Schwarzen, afrikanischen und afrodiasporischen, communitybasierten Projekt in Berlin.

Apropos Beurteilungen: Es gibt Studien, die sich mit Notengebung beschäftigen. Eine dieser Studien, die oft »Max versus Murat« genannt wird, hat gleiche Texte mit unterschiedlichen Namen versehen und zur Beurteilung vorgelegt. Die Texte von »Max« wurden dabei etwa eine halbe Note besser beurteilt als die von »Murat«.[32]

Außerdem finden sich in vielen Schulbüchern, Arbeitsblättern oder Tafelbildern, die während des Unterrichts verwendet werden, rassistische Darstellungen in Text und Bild oder die vorhandenen Karten und vorgeschlagenen Aufgabenstellungen selbst befördern Rassismus. Bei solchen Materialien kommt es darauf an, wie die Lerngruppe — also Schüler*innen und Lehrer*innen — damit umgeht und ob sie damit lernen kann, ohne Rassismus oder andere Formen von Diskriminierung erneut zu reproduzieren.

Eine rassistische Wirkung haben auch manche Regeln, Vorschriften und Gesetze im Bildungssystem; zum Teil auch, weil sie eigentlich alle gleich behandeln wollen oder sollen. Die Absicht ist allerdings nicht entscheidend, sondern die Wirkung. Rassismus ist außerdem eng verbunden mit unseren jeweiligen Lebensbedingungen: wie und wo ich wohne, welche Arbeit die Erwachsenen um mich herum machen können oder müssen oder ob sie überhaupt Arbeit haben oder arbeiten dürfen. Was kann ich in meiner Freizeit tun, kann ich Nachhilfeunterricht bekommen, habe ich einen deutschen Pass?

Was braucht es, um Kinder mit Rassismuserfahrungen im Schulsystem vor Rassismus zu schützen?

In Deutschland gibt es — zumindest für Kinder mit Papieren — eine Schulpflicht. Die meisten

32 Meike Bonefeld und Oliver Dickhäuser: »(Biased) Grading of Students' Performance: Students' Names, Performance Level, and Implicit Attitudes«, in: frontiers in Psychologie, 09.05.2018, https://frontiersin.org/articles/10.3389/fpsyg.2018.00481/full

Kinder und Jugendlichen müssen also zur Schule gehen. Und Schule ist kein rassismusfreier Raum. Neben der Forderung nach einer grundsätzlichen Transformation von Schule setzen sich mehrere Initiativen für unabhängige Beschwerdestellen ein, die »von außerhalb« auf Schulen wirken und dafür auch Befugnisse erhalten. Auch die Forderungen nach einer anderen Ausbildung von Lehrer*innen und Pädagog*innen und nach anderen Inhalten sind ganz und gar nicht neu.
Viele Eltern haben sich in Gruppen zusammengeschlossen, um sich gegenseitig zu unterstützen, wenn es zu Rassismus an der Schule kommt. Sie schreiben gemeinsam Briefe an Schulbuchverlage und geben sich wichtige Informationen, etwa über das Schulsystem und Beratungsstellen, weiter.
Auch Schüler*innen schließen sich zusammen, gründen AGs und Clubs an ihren Schulen und bieten zum Teil auch ihren Lehrer*innen Fortbildungen an. Sie vernetzen sich, demonstrieren, streiken und versuchen über die sozialen Medien Aufmerksamkeit

für ihre Anliegen zu schaffen.

Einige Schulen versuchen auch selbst über einen langfristig angelegten Lern- und Veränderungsprozess ein Ort zu werden, an dem zum einen immer weniger diskriminiert wird und zum anderen immer besser und aktiv mit Diskriminierungen umgegangen wird.

Was braucht es, damit Kinder ohne Rassismuserfahrungen über Rassismus lernen?

Meiner Erfahrung nach haben junge Menschen eher wenig Probleme sich mit Diskriminierungen und Herrschaftsverhältnissen auseinanderzusetzen, die sie nicht betreffen. Sie schauen schnell nach Schnittmengen und Möglichkeiten, um gemeinsam mit anderen wehrhaft gegen Ungleichheitsverhältnisse zusammenzuarbeiten. Diese Möglichkeiten müssen im Unterricht und in der Schulkultur einfach nur gegeben werden.

Oft wird davon ausgegangen, dass Rassismus nur im Geschichtsunterricht ein Thema ist. Welche Fächer bieten sich dafür noch an?

Alle Fächer bieten sich dafür an. Es ist unerheblich, ob ich etwas über Botanik, Informatik oder klassische Musik lerne. Wichtig ist, dass sogenannter rassismuskritischer Unterricht sich gar nicht allein an Inhalten festmacht, sondern zum Beispiel auch daran, wie der gemeinsame Unterricht gestaltet wird.

Grundsätzlich braucht es natürlich strukturelle Veränderungen. Dennoch: Was können Eltern machen, um Rassismus in der Schule entgegenzutreten?

Oft hilft es, sich an eine Antidiskriminierungs-beratungsstelle zu wenden, die sich mit der Institution, rechtlichen Rahmenbedingungen und dem Schutz vor Maßregelung auskennt und hilfreiche Argumentationen bereithält. Diese kann Fürsorgende, Erziehungsberechtigte und Eltern dabei unterstützen, Kinder und Jugendliche bei der schwierigen Erfahrung von Rassismus zu begleiten und Schulen gleichzeitig nicht zu verärgern, sondern sie im Idealfall zu sensibilisieren. Einige Fürsorgende, Erziehungsberechtigte und Eltern waren auch damit erfolgreich, gemeinsam und teils auch öffentlich gegen Rassismus vorzugehen. Politischer Kampf und Zusammenschlüsse mit Schüler*innen, Lehrkräften und außerschulischen Bildungsorten sind vor allem wichtig und hilfreich, wenn es über den spezifischen »Fall« hinausgehen soll. ~

Hier stellen wir weitere Informationen zum 3. Kapitel für dich bereit:

Bücher, Instagram-Accounts, Onlinemagazine und Initiativen.

4

Wie du mit Pre-Teens und Teenagern über Rassismus sprichst

4.1. Zusammenhänge sichtbar machen

In der Regel sind Kinder im Alter von etwa zwölf Jahren in der Lage, komplexere Themen im Zusammenhang mit sozialer Ungerechtigkeit zu verstehen. An diesem Punkt können wir tiefer in die Geschichte rassistischer Unterdrückung und Diskriminierung einsteigen. Ab diesem Alter können wir entsprechend eine Verbindung zwischen der Vergangenheit und der Gegenwart herstellen und gemeinsam mit ihnen feststellen, dass Rassismus von seiner Wiederholung auf den unterschiedlichen Ebenen und in verschiedenen tagtäglichen Zusammenhängen, wie zum Beispiel in Unterrichtsmaterialien für die Schule, in Filmen oder den Nachrichten, lebt. So können wir uns dem Begriff »strukturell« annähern und ein Verständnis dafür fördern, dass Rassismus immer und überall in Erscheinung treten kann.[33]

Wenn Kinder älter sind, können wir auf dem Wissen aufbauen, das wir gemeinsam mit ihnen erlernt haben und gleichzeitig ein breiteres Themenspektrum ansprechen. Das ist ein guter Zeitpunkt, um sich

33 Buchempfehlung

»Das Buch vom Antirassismus« von Tiffany Jewell, das 2020 im Zuckersüß Verlag auf deutsch erschienen ist, bietet einen tieferen Einstieg ins Thema. Es richtet sich an Kinder zwischen 11 und 17 Jahren.

gemeinsam mit Pre-Teens und Teenagern mit aktuelleren Beispielen für Rassismus und dem Widerstand gegen ihn zu beschäftigen. Eine Möglichkeit ist, gemeinsam mit ihnen Filme oder Serien zu schauen und mit ihnen über rassismusrelevante Momente ins Gespräch zu kommen. Eine andere ist, gemeinsam mit ihnen das aktuelle Geschehen aus den Nachrichten aufzugreifen. Dabei können wir auch auf Alltagsrassismus eingehen und zum Beispiel darauf hinweisen, dass es Wohnungsgesellschaften gibt, die grundsätzlich nicht an BIPoC vermieten wollen. Wenn wir mit Teens über Rassismus in Deutschland sprechen, können wir genauso die NSU-Morde, Pegida, Halle 2019 und Hanau 2020 thematisieren wie die internationale Black-Lives-Matter-Bewegung oder die vielen Initiativen, die sich auf unterschiedliche Art gegen Rassismus hierzulande einsetzen.

Mit Teens und Pre-Teens können wir auch gemeinsam politisch aktiv werden und Schilder basteln beziehungsweise zusammen auf Demos gehen. Wir können uns gemeinsam über die Arbeit von Vereinen informieren und uns erkundigen, wie wir deren Tätigkeit unterstützen können. Darüber hinaus gibt es inzwischen einige Organisationen, die tolle Empowerment-Angebote und »Safer Spaces«[34] für BIPoC-Kids und -Teens haben.[35] ~

34 Das Konzept der »Safer Spaces« kam in den USA in den 1960er-Jahren während der Frauenbewegung auf. Damals ging es vor allem darum Schutzräume für Frauen zu schaffen, die frei ihre Meinung zu Geschlechtergerechtigkeit äußern wollten. Heute sind damit Orte für jegliche marginalisierte Menschen in einer Mehrheitsgesellschaft gemeint. Für marginalisierte Gruppen (wie z. B. Schwarze oder trans* Personen), die im Alltag Ausgrenzungserfahrungen erleben, dienen die »Safer Spaces« als inklusive Umgebung. In den »Safer Spaces« sind die jeweiligen Gruppen unter sich und weitestgehend frei von Diskriminierung. Sie können sich dort untereinander austauschen und gegenseitig empowern.

35 Empfehlung

Der Verein Each One Teach One (EOTO) hat tolle Empowerment-Angebote für Schwarze Kinder und Teenager. Das Projekt EmPoCa zum Beispiel unternimmt Waldspaziergänge mit BIPoC-Kids.

4.2. »Wir« und »die Anderen«

Mikroaggressionen[36] sind alltägliche verbale oder nonverbale Beleidigungen, die oft nicht als Beleidigungen gedacht sind und schwer zu bemerken sein können. Mikroaggressionen resultieren für gewöhnlich aus versteckten rassistischen Vorurteilen, von denen die Menschen oft nicht einmal wissen, dass sie sie haben. Einige Mikroaggressionen können sogar als Komplimente gemeint sein, wie zum Beispiel wenn eine *weiße* deutsche Person zu einer Schwarzen deutschen Person sagt: »Du sprichst ja richtig gut Deutsch.« In diesem Moment wird die Person durch ihre äußere Erscheinung als nicht-deutsch oder nicht zugehörig markiert und ihr wird Deutschsein abgesprochen. Dieser Vorgang wird »Othering«[37] genannt: Es kommt zu einer Unterscheidung von »Wir« und »den Anderen«. Eine Mikroagression ist auch, wenn über eine deutsche Person mit türkischer Zuwanderungsgeschichte gemutmaßt wird: »Du kannst bestimmt den besten Döner machen.« Eine nonverbale Mikroaggression

36 Das aktuelle Konzept von Mikroaggressionen geht auf den US-Psychologen Derald Wing Sue zurück. Er definiert Mikroaggressionen als kurze, scheinbar harmlose, alltägliche verbale oder nonverbale Angriffe, die die Identität des Gegenübers infrage stellen und sie*ihn dazu zwingen, sich immer wieder erklären zu müssen (siehe auch »Othering«). Diese subtile Form des Rassismus erkennen Verursacher*innen oft selbst nicht als solche, manchmal sind Mikroaggressionen sogar als Kompliment gemeint und Betroffene werden beschuldigt, zu sensibel zu sein.

könnte sein, dass jemand die eigene Handtasche fest umklammert, wenn sie*er einen Aufzug mit einer Person of Color betritt.

Es ist wichtig, dass Jugendliche Mikroaggressionen kennen. So haben sie, etwa wenn sie selbst von Rassismus betroffen sind, ein Wort, um mögliche unangenehme Situationen klar als rassistische Mikroaggressionen benennen zu können. Für *weiße* Teens ist das nicht weniger wichtig: zum einen, um sensibel dafür zu sein, dass Rassismus nichts mit persönlichen Absichten zu tun hat und auch, um als Verbündete eine Sprache zu haben, die es ihnen ebenfalls ermöglicht Rassismus klar zu benennen.

Es gibt einen Test, den sogenannten »Impliziten Assoziationstest« der Harvard University, der dabei hilft, die eigenen Vorurteile aufzudecken. Auf deren Website[38] kann der Test auf Englisch gemacht werden und unsere Ergebnisse können wir anschließend mit Teens und Pre-Teens besprechen. Unser Ziel ist, rassistische Vorurteile aufzudecken und darüber zu sprechen anstatt zu versuchen, sie zu vertuschen oder sich vor ihnen zu verstecken.

37 »Othering« beschreibt den Prozess, in dem Menschen als andersartig und fremd hergestellt werden und damit von einem »Wir« unterschieden werden. Das »Wir« wird dabei als überlegen dargestellt und das »Andere« als minderwertig, abweichend von der Norm, nicht zugehörig markiert. Das heutige Konzept des »Othering« ist aus dem Kontext der postkolonialen Theorie entstanden und wurde vor allem durch Autor*innen wie Edward Said oder Gayatri C. Spivak geprägt.

38 https://implicit.harvard.edu

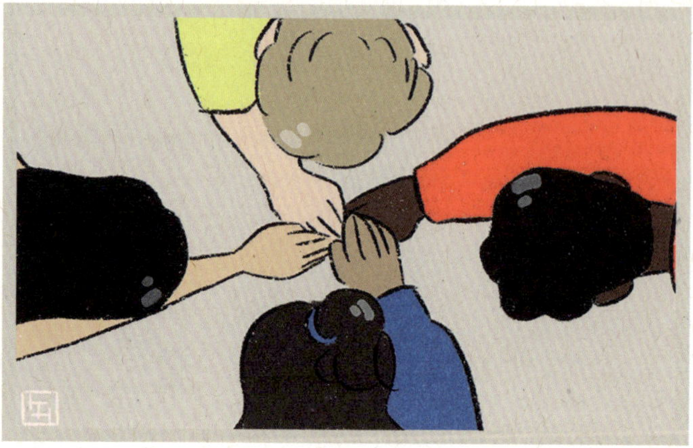

4.3. Verbündet euch!

Rassismus ist von Menschen erfunden worden und Menschen sind es, die dazu beitragen können, ihn abzubauen. Das gilt für uns alle, egal ob wir als BIPoC Rassismus erfahren oder als *weiße* Menschen Privilegien haben, weil es Rassismus gibt. Diese Erkenntnis ist wichtig, denn sie kann uns Mut machen gegen Rassismus einzutreten, gegen all die Ungerechtigkeit, die er tagtäglich im Alltag schafft. Es ist wichtig, dass wir diesen Weg nicht allein gehen müssen und uns mit anderen verbünden. Denn in Bündnissen können wir deutlich mehr erreichen als allein.

Oft werden Bündnisse vor allem zwischen *weißen* Menschen und BIPoC gedacht, tatsächlich macht es durchaus Sinn, Bündnisse auch zwischen BIPoC zu denken. Das kann gerade für BIPoC-Teens als ein Raum für Austausch hilfreich sein, etwa wenn deutlich wird, dass es verschiedene Formen von Rassismus gibt und die Betroffenheiten teilweise unterschiedlich ausfallen und es dennoch viele Gemeinsamkeiten gibt.

Für *weiße* Teens ist es wichtig zu erkennen, dass sie, wenn sie sich gegen Rassismus verbünden, das nicht »für andere« machen, sondern es in ihrem eigenen Interesse ist: Schließlich ist der Einsatz für eine gerechtere Welt immer auch ein Einsatz für uns selbst. ~

Hier stellen wir weitere Informationen zum 4. Kapitel für dich bereit:

Bücher, Instagram-Accounts, Onlinemagazine und Initiativen.

Offen bleiben, weiter lernen

Zum Schluss möchten wir euch ermutigen, die Aufgabe, mit Kindern über Rassismus zu sprechen, anzunehmen. Zugegeben, das ist nicht immer eine einfache Aufgabe, aber es geht nicht um Perfektion, es geht nicht darum, dass wir entweder »alles richtig« oder »alles falsch« machen. Richtig und falsch sind insgesamt keine hilfreichen Konzepte, wenn es um den Kampf gegen Rassismus geht.

Diese Reise kann eine Reise gemeinsam mit den Kindern und Teenagern sein, mit denen wir uns über Rassismus austauschen. Das kann auch den Druck nehmen, alle Antworten parat haben zu müssen und Raum dafür schaffen, gemeinsam über Rassismus zu lernen.

Das Wichtigste ist, dass wir unsere Verantwortung wahrnehmen, offen für Kritik an unserem Verhalten bleiben und bereit sind, uns auf einen eigenen Lernprozess einzulassen. Denn je besser wir Rassismus in all seiner Komplexität kennen und verstehen, desto sicherer fühlen wir uns, wenn wir gegen ihn eintreten und desto besser können wir uns gegen ihn wehren. ~

Wir wünschen dir viel Mut und starke Bündnisse auf deinem Weg!

GLOSSAR

AFRODIASPORISCH

Diaspora bedeutet Zerstreuung oder Verstreutheit und bezeichnet Gruppen, die zum Beispiel historisch eine geografische Herkunft teilen und nun nicht mehr an diesem Ort leben. Afrodiasporisch bezieht sich auf das gemeinsame kulturelle Erbe von Menschen mit afrikanischen Bezügen oder Identitäten.

CRITICAL WHITENESS

(kritisches *Weißsein*) beschreibt einen politischen und wissenschaftlichen Ansatz. Aus einer rassismuskritischen Perspektive beschäftigt er sich mit den Subjekten, die Rassismus erzeugen und den meist unhinterfragten Privilegien *weißer* Menschen. Der Begriff entstand auf Grundlage der Erfahrungen von BIPoC, deren Erlebnisse sich deutlich von denen *weißer* Menschen unterscheiden. Kritisches *Weißsein* bietet *weißen* Menschen die Gelegenheit ihre Privilegien kritisch zu reflektieren und diese als Teil ihrer Rassismuskritik zu verwenden.

GENDERSTERN

ist im Deutschen ein Mittel, um in Personenbezeichnungen neben männlichen und weiblichen auch weitere Geschlechter und Geschlechtsidentitäten sichtbar zu machen. Er wird auch Gendersternchen oder Genderstar genannt. Er steht für geschlechtliche Vielfalt und eine geschlechtergerechte Sprache. Das typografische Sternchen-Zeichen (Asterisk) ist der Computersprache entlehnt, wo es als Platzhalter für eine beliebige Zeichenkette verwendet wird. Eingefügt wird es im

Deutschen zwischen den Wortstamm und die weibliche Endung einer Personenbezeichnung (»Kund*in«) oder zwischen die männliche und weibliche Endung (»Wissenschaftler*innen«). Der Genderstern ist bisher nicht in die amtliche Rechtschreibung aufgenommen, der Gebrauch wird aber vom Rat für deutsche Rechtschreibung beobachtet. Als Genderzeichen werden derzeit auch viele weitere Zeichen wie zum Beispiel der Gender-Gap (Wissenschaftler_in) oder der Gender-Doppelpunkt (Wissenschaftler:in) genutzt.

INDIGENOUS PEOPLE

ist die Selbstbezeichnung für Bevölkerungen, die seit Jahrtausenden ein Land bevölkern — vor der Kolonisierung. Allerdings wird dieser Begriff weitgehend für Menschen aus Nord-, Mittel- und Südamerika, der Karibik, Ozeanien und Australien verwendet. In der deutschen Übersetzung »indigene Menschen« ist der Begriff keine Selbstbezeichnung.

INKLUSION

bedeutet, dass alle Menschen zur Gesellschaft dazugehören, ganz unabhängig von Äußerlichkeiten, Fähigkeiten, Herkunft, Alter, Klasse, Geschlecht oder sexueller Orientierung. Inklusive Gruppen zielen darauf ab, alle Menschen mit einzubeziehen und niemanden zu bevorzugen.

I-WORT

ist ein rassistischer und abwertender Ausdruck, der von den Kolonialist*innen in Nordamerika benutzt wurde, um Indigenous Americans zu beschreiben, da sie dachten, sie wären in Indien gelandet. Die Heterogenität der verschiedenen Bevölkerungsgruppen Nordamerikas und deren Identitäten wurden damit bewusst geleugnet. Auch wenn das »I-Wort« hierzulande vermeintlich positiv besetzt ist, ist es nicht losgelöst von seiner Entstehungsgeschichte zu sehen. Es ist und bleibt daher rassistisch und sollte nicht verwendet werden.

MIKROAGGRESSIONEN

Das aktuelle Konzept von Mikroaggressionen geht auf den US-Psychologen Derald Wing Sue zurück. Er definiert Mikroagressionen als kurze, scheinbar harmlose, alltägliche verbale oder nonverbale Angriffe, die die Identität des Gegenübers infrage stellen und sie*ihn dazu zwingen, sich immer wieder erklären zu müssen (siehe auch »Othering«). Diese subtile Form des Rassismus erkennen Verursacher*innen oft selbst nicht als solche, manchmal sind Mikroagressionen sogar als Kompliment gemeint und Betroffene werden beschuldigt, zu sensibel zu sein.

N-WORT

Wir verwenden die Definition von Tupoka Ogette, veröffentlicht am 28.02.2020 in ihrem »Rassismuskritischen Alphabet« auf Instagram: »N-Wort — ein rassistischer und abwertender Ausdruck ursprünglich für Afrikaner*innen der Sub-Sahara, welcher im Zuge der Kolonialzeit entwickelt und zur Einordnung eingesetzt wurde. Der Begriff ist daher nicht losgelöst von seiner Entstehungsgeschichte — und zwar die gezielte Entwürdigung und Entmenschlichung Schwarzer Menschen — zu sehen. Die reappropriation oder reclamation des N-Worts durch einige Schwarze

Menschen (z. B. im Hip Hop) ist und kann Ausdruck von Selbstermächtigungsprozessen sein. Sie dient jedoch in keinem Falle als Legitimation für Nicht-Schwarze Menschen diesen Begriff zu verwenden. Nicht-Schwarze Menschen müssen sich bewusst sein, dass die Reproduktion des ausgesprochenen N-Wortes immer auch bedeutet, Rassismen zu reproduzieren und zu zementieren.«

OTHERING

beschreibt den Prozess, in dem Menschen als andersartig und fremd hergestellt werden und damit von einem »Wir« unterschieden werden. Das »Wir« wird dabei als überlegen dargestellt und das »Andere« als minderwertig, abweichend von der Norm, nicht zugehörig markiert. Das heutige Konzept des »Othering« ist aus dem Kontext der postkolonialen Theorie entstanden und wurde vor allem durch Autor*innen wie Edward Said oder Gayatri C. Spivak geprägt.

PEOPLE OF COLOR (POC)

Singular: Person of Color ist eine Selbstbezeichnung von und für Menschen mit Rassismuserfahrungen. Sie bezieht unterschiedlichste Personen(-gruppen) ein, die sich als nicht-*weiß* in einer *weißen* Mehrheitsgesellschaft definieren, aber jeweils durchaus unterschiedliche Rassismuserfahrungen machen. Der Begriff entstand in der Bürger*innenrechtsbewegung in den 1960er-Jahren in den USA. Viele Menschen, die sich als PoC bezeichnen könnten, verwenden genauere Selbstbezeichnungen für sich. BIPoC (Black, Indigenous and People of Color) schließt daran an und nennt Schwarze Menschen und Indigenous People explizit mit.

SAFER SPACES

Das Konzept der »Safer Spaces« kam in den USA in den 1960er-Jahren während der Frauenbewegung auf. Damals ging es vor allem darum Schutzräume für Frauen zu schaffen, die frei ihre Meinung zu Geschlechtergerechtigkeit äußern wollten. Heute sind damit Orte für jegliche marginalisierte Menschen in einer Mehrheitsgesellschaft gemeint. Für marginalisierte Gruppen (wie beispielsweise Schwarze oder trans* Personen), die im Alltag Ausgrenzungserfahrungen erleben, dienen die »Safer Spaces« als inklusive Umgebung. In den »Safer Spaces« sind die jeweiligen Gruppen unter sich und weitestgehend frei von Diskriminierung. Sie können sich dort untereinander austauschen und gegenseitig empowern.

SCHWARZ

wird großgeschrieben und meint die selbstermächtigende politische Selbstbezeichnung von Schwarzen Menschen. Die Selbstbezeichnung meint nicht etwa einen Hautton, sondern eine durch Rassismus geschaffene soziale Position, die Benachteiligung erfährt.

WEISS

wird kursiv geschrieben, denn es bezeichnet keine biologischen Eigenschaften und auch keine tatsächliche Hautfarbe. Der Begriff steht für ein gesellschaftliches Konstrukt, das *weißen* Menschen einen besseren Zugang zu Ressourcen und Teilhabe verschafft.

WEISSE PRIVILEGIEN

ist ein Konzept aus den USA, das die gesellschaftlichen Vorteile von *Weißen* gegenüber BIPoC beschreibt. Einer der bekanntesten Aufsätze zum Thema stammt von der *weißen* feministischen Aktivistin und Wissenschaftlerin Peggy McIntosh, die 1988 »White Privilege« als einen unsichtbaren Rucksack für *Weiße* beschreibt. Einen Rucksack mit selbstverständlichen Vorteilen im Alltag für *Weiße,* die sich diese aber weder erarbeitet haben noch hinterfragen.

Z-WORT

ist eine Fremdbezeichnung, die unter anderem schon die Nazis verwendeten, um Sinti*ze und Rom*nja abzuwerten. Über 500.000 Sinti*ze und Rom*nja wurden von den Nazis ermordet und vielen wurde der Buchstabe »Z« in den Konzentrationslagern auf die Haut tätowiert. Deshalb ist auch die Umgehung — das »Z-Wort« — nicht zu reproduzieren. Bis heute ist die Fremdbezeichnung eng mit rassistischen Vorurteilen verbunden.

Anmerkung

Ausführliche Erläuterungen zu Begriffen, Konzepten und diskriminierungssensibler Sprache findet ihr unter anderem im »Awareness Glossar« von »Wir müssten mal reden«, bei »Hamam Talk« auf Instagram und bei »erklär mir mal ...« auf Instagram.

Alle Mitarbeitenden

SARAYA GOMIS
Interviewpartnerin

STEPHANIE CUFF-SCHÖTTLE
Interviewpartnerin

SERÇE BERNA ÖZNARÇIÇEĞI
Autorin

LE HONG
Illustratorin

MONTY OTT
Autor

EMILENE WOPANA MUDIMU
Autorin

AILEEN PUHLMANN
Beraterin

LISA SCHMIDT
Redaktionsleiterin

EILEEN NDAYISABA
Beraterin

MARIE VON DEM BERGE
Verlegerin

MARIA VITORIA SIMIÃO FRANÇA
Beraterin

VANESSA VU
Autorin

TEBOGO NIMINDÉ-DUNDADENGAR
Interviewpartnerin

JOSEPHINE APRAKU
*Autor*in*

CLAUDIA NIKSCHTAT
Korrektorat

LINDA HAMOUI
Autorin

JEFF KWASI KLEIN
Autor

PHILIPPA RUDA
Beraterin

OLAOLU FAJEMBOLA
Interviewpartnerin

ANJA SCHÜTZE
Beraterin

YVONN BARTH
Verlegerin

BILAL TORUN
Berater

ANNABELLE LINGENHÖLE
Grafik

Bereits in der Reihe erschienen

Mädchen, Junge, Kind

Geschlechtersensible Begleitung und Empowerment von klein auf

Autorin / Daniela Thörner
Illustratorin / Slinga
ISBN 978-3-9823681-1-5

NEUE LEKTÜRE FÜR GEMEINSAMES LERNEN

**Wir alle kennen den Elefanten im Raum.
Er steht da und wird immer größer,
je länger wir schweigen.
Lasst uns dieses Schweigen brechen.
Lasst uns schwierige Themen angehen,
Fragen stellen und Antworten finden.
Lasst uns gemeinsam lernen
und Dinge verändern.**

Die Reihe »Neue Lektüre für gemeinsames Lernen« bringt Eltern, Pädagog*innen, Kinder und Jugendliche in einen offenen, selbstbewussten und diskriminierungssensiblen Austausch. Sie vermittelt aktuelle Diskurse und eröffnet Perspektiven, bietet ganz konkrete Zugänge zu komplexen Themen, wird anschaulich gestaltet und zeitgenössisch illustriert. Neue theoretische Positionen und gesellschaftsrelevante Debatten werden so aufbereitet, dass sie im familiären und pädagogischen Bereich Anwendung finden — praxisnah, in verständlicher Sprache und für alle gut zugänglich.

IMPRESSUM

WIE ERKLÄRE ICH KINDERN RASSISMUS?
6. Auflage, August 2025
ISBN 978-3-9823681-0-8

Autor*innen
Josephine Apraku, Stephanie Cuff-Schöttle, Olaolu Fajembola, Saraya Gomis, Linda Hamoui, Jeff Kwasi Klein, Emilene Wopana Mudimu, Tebogo Nimindé-Dundadengar, Monty Ott, Serçe berna Öznarçiçeği, Vanessa Vu

Illustratorin
Le Hong

Verlegerinnen
Yvonn Barth, Marie von dem Berge

Verlag
Familiar Faces, Y. Barth u. M. v. d. Berge GbR, Wienerstraße 35, 10999 Berlin
familiarfaces.de

Programmleitung + Redaktion
Lisa Schmidt

Korrektorat
Claudia Nikschtat

Gestaltung + Satz
Yvonn Barth, Annabell Lingenhöle

Danke
Anja Schütze, Aileen Puhlmann, Eileen Ndayisaba, DisCheck (Philippa Ruda, Maria Vitoria Simião França, Bilal Torun) für eure vielfältige kritische und konstruktive Begleitung auf dem Weg zu diesem Buch.

Druckerei
Druckhaus Sportflieger, Berlin

Dieses Buch wurde auf Recyclingpapier mit Umweltfarben, cobalt- und mineralölfrei, mit Pigmenten aus nachwachsenden Rohstoffen und klimaneutral gedruckt.

Druckprodukt mit finanziellem **Klimabeitrag**
ClimatePartner.com/10884-2507-1004

FSC www.fsc.org RECYCLED Papier aus Recyclingmaterial FSC® C104586

Made with love in Berlin

umweltschonende Produktion